PUBLICATIONS DE LA RÉUNION DES OFFICIERS

MÉLANGES MILITAIRES
LXI. LXII

ÉTUDE ET ENSEIGNEMENT

DE LA

STATISTIQUE MILITAIRE

PAR

M. CHANOINE

CHEF D'ESCADRON D'ÉTAT-MAJOR

PARIS

CH. TANERA, ÉDITEUR

LIBRAIRIE POUR L'ART MILITAIRE ET LES SCIENCES

Rue de Savoie, 6

1872

ÉTUDE ET ENSEIGNEMENT

DE LA

STATISTIQUE MILITAIRE

PUBLICATIONS DE LA RÉUNION DES OFFICIERS

I. — **L'Armée anglaise en 1871, au point de vue de l'offensive et de la défensive.** Brochure in-12. . . . . 25 c.

II. — **Organisation de l'armée suédoise.** — **Projet de réforme.** Brochure in-12. . . . . 25 c.

III-IV. — **Mode d'attaque de l'infanterie prussienne dans la campagne de 1870-1871**, par le duc Guillaume de Wurtemberg, traduit de l'allemand par M. Conchard-Vermeil, lieutenant au 13e régiment provisoire d'infanterie. Brochure in-12. . . . . . . 50 c.

V. — **De la Dynamite et de ses applications pendant le siège de Paris.** Brochure in-12. . . . . 25 c.

VI. — **Quelques idées sur le recrutement**, par G. B. Broch. in-12. 25 c.

VII. — **Etude sur les reconnaissances**, par le commandant Pierron. Brochure in-12. . . . . 25 c.

VIII-IX X — **Etude théorique sur l'organisation d'un corps d'éclaireurs à cheval**, par H. de la F. Brochure in-12 . . . 75 c.

XI-XII-XIII. — **Etude sur la défense de l'Allemagne occidentale, et en particulier de l'Alsace-Lorraine.** Traduit de l'allemand. Brochure in-12. . . . . 75 c.

XIV. — **L'armée danoise.** — Organisation. — Recrutement. — Effectif. Brochure in-12. . . . . 25 c.

XV-XVI-XVII. — **Les places fortes du N.-E. de la France, et essai de défense de la nouvelle frontière.** Brochure in-12. 75 c.

XVIII-XIX. — **Considérations théoriques et expérimentales au sujet de la détermination du calibre dans les armes portatives**, par J. L., capitaine d'artillerie. Brochure in-12 . . . . 50 c.

XX. — **Des bibliothèques militaires, de l'établissement d'un catalogue et de la tenue des principaux registres.** Brochure in-12. 25 c.

XXI-XXII-XXIII-XXIV. — **L'artillerie au siège de Strasbourg en 1870.** Notes recueillies par un officier de l'artillerie suisse, traduit de l'allemand par P. Lanzillière, capitaine d'artillerie. Brochure in-12 avec plan . . . . 1 fr.

XXV XXVI. — **L'artillerie de campagne des grandes puissances européennes et les canons rayés.** Traduit de l'allemand par M. Méert, capitaine d'artillerie. Brochure in-12. . . . . . . 50 c.

XXVII. — **Des canons et fusils à vapeur**, par J. L., capitaine d'artillerie. Brochure in-12. . . . . 25 c.

XXVIII-XXIX. — **La cavalerie de réserve sur le champ de bataille**, d'après l'italien, par Foucrière, sous-lieutenant au 81e régiment. Brochure in-12. . . . . 50 c.

XXX. — **De la répartition de l'armée sur le territoire.** Brochure in-12 . . . . 25 c.

825 — Paris, Imp. H. Carion, rue Bonaparte, 64.

PUBLICATION DE LA RÉUNION DES OFFICIERS

ÉTUDE ET ENSEIGNEMENT

DE LA

STATISTIQUE MILITAIRE

PAR

M. CHANOINE

CHEF D'ESCADRON D'ÉTAT-MAJOR

PARIS

CH. TANERA, ÉDITEUR

LIBRAIRIE POUR L'ART MILITAIRE ET LES SCIENCES

Rue de Savoie, 6

1872

ÉTUDE ET ENSEIGNEMENT

DE LA

STATISTIQUE MILITAIRE

I

Tout le monde est d'accord sur l'importance et l'utilité des statistiques consciencieuses et faites sur un plan rationnel. Il est cependant rare, surtout en France, qu'elles embrassent dans leur ensemble toutes les manifestations de la force vitale ou productive soit du pays même, soit d'autres nations (1). L'étude de la statistique en général, en particulier celle de toutes les questions qui de près ou de loin se rattachent à l'art de la guerre, n'est pas en France à la même hauteur qu'en Allemagne ou en Russie. Chez les nations que nous venons de nommer, elle est réduite en corps de doc-

---

(1) Une instruction ministérielle de 1829 avait prescrit aux officiers d'état-major de toutes les divisions militaires de travailler à une statistique générale de la France. Le programme était détaillé, il devait provoquer un grand ouvrage, dans le genre de celui que vient de publier l'armée russe. L'œuvre fut à peine ébauchée ; bientôt on n'y songea plus, comme cela est arrivé pour une foule d'autres prescriptions, et les officiers d'état-major retombèrent dans la routine du travail de bureau que l'on connaît. Les officiers employés à la carte de France devaient aussi fournir un mémoire statistique et militaire sur chaque levé. Au bout de quelque temps on y renonça, sous prétexte que la topographie en était retardée.

Beaucoup des mémoires en question existent encore aux archives de la statistique du dépôt de la guerre, riches en documents sur l'organisation des armées et la défense du territoire, mais trop peu explorées.

(*N. de la R.*)

trine. L'enseignement de la statistique actuelle et réelle forme même une branche distincte de l'instruction militaire supérieure, à l'Académie d'état-major russe de Pétersbourg, et le programme du cours y comprend les sommaires suivants :

« *a*) Examen du développement et de l'état actuel de la statistique; méthode pour réunir et élaborer les matériaux statistiques. Signification de la statistique militaire. Règlements relatifs aux établissements d'instruction militaire (1871).

« *b*) Statistique militaire de la Russie. Étude des éléments fournis par l'histoire, la géographie, l'ethnographie et l'industrie, au point de vue de leur influence sur la force militaire de l'État. Examen des forces de terre et de mer, ainsi que de leur répartition.

« *c*) Statistique militaire des États de l'Europe occidentale. Éléments constitutifs et forces militaires de la Grande-Bretagne, de la France, de l'Allemagne, de l'Autriche, de la Turquie (1). »

L'utilité de cet enseignement est réelle; car, même en Allemagne, les traités et manuels de statistique générale ne comprennent, au point de vue militaire, que des notions d'un ordre purement économique.

Si, par exemple, on examine la nomenclature adoptée par le bureau statistique de Prusse, on voit qu'elle peut se diviser en trois groupes : le premier est relatif aux bases organiques et à la constitution de l'État; le deuxième à sa culture matérielle; le troisième enfin énumère les conditions morales, intellectuelles et politiques de son existence. C'est dans cette

---

(1) Ce classement est à peu près celui des archives de la statistique au dépôt de la guerre. (*N. de la R.*)

dernière catégorie que viennent prendre place les institutions militaires (1).

En France, les travaux aussi consciencieux que peu connus du distingué et regretté général Colson (2) sont les seuls qui aient contribué à faire connaître les principes adoptés en Russie pour l'étude de la statistique militaire. L'initiative en est due aux méthodes introduites dans l'enseignement militaire, dès l'année 1847, par le général Miloutine, actuellement ministre de la guerre, et alors professeur à l'Académie d'état-major (3).

Une des publications les plus utiles pour l'instruction des officiers, et de ceux d'état-major en particulier, est le *Recueil de statistique militaire*, ouvrage qui comprend la statistique militaire des principaux États du globe, et dans le plan duquel il est aisé de reconnaître les principes fondamentaux qui ont servi primitivement de guides pour déterminer les caractères de la science statistique (4).

Dans l'étude de questions aussi complexes, il est nécessaire d'éviter toute confusion et de chercher d'abord, autant que possible, à déterminer les points qui doivent rattacher la statistique militaire soit à la géographie, soit à la statistique proprement dite, et enfin à l'art militaire lui-même pris dans

---

(1) V. HAUSHOFER. *Lehr ü. Handbuch der Statistik in ihrer neuesten Wissenschaftlichen* 1872. *Entwickelüng*, p. 94.

(2) Chef d'état-major du 1er corps de l'armée du Rhin. Tué le 6 août 1870 à Freschwiller. Voir un ouvrage qui vient de paraître : *le Général Colson, sa mission en Russie et son voyage au Caucase*, par le colonel d'état-major baron Saint-Cyr Nugues. Paris, Dumaine, 1872.
(*N. de la R.*)

(3) *Essais de statistique militaire*, par D. Miloutine, colonel d'état-major, professeur à l'Académie impériale militaire; 1847. Les théories présentées dans cet ouvrage ont été confirmées par les faits d'une manière remarquable.

(4) *Recueil de statistique militaire*, publié sous la direction du général Obroutchef, professeur de statistique militaire et secrétaire du Comité d'instruction militaire; 1868-71.

son acception la plus étendue. C'est ce qu'on va essayer de faire.

Divers écrivains : en Allemagne, de Roon, Malchus, Rudtorfer et autres ; en France, Lavallée (1), ont tenté de présenter la géographie militaire sous forme d'une science ayant un caractère et des limites distinctes. Leurs œuvres n'ont abouti cependant qu'à produire soit des traités de géographie générale mélangés de considérations militaires et statistiques, soit des cours d'art militaire basés sur des exemples.

De grands hommes de guerre ont, en étudiant des opérations stratégiques ou en faisant la relation de campagnes qu'ils avaient dirigées, décrit des théâtres de guerre, déterminé la part d'influence que la configuration et les obstacles naturels du sol peuvent exercer sur les opérations de la guerre, et formulé, pour l'époque où ils vivaient, des règles applicables à telle ou telle région de l'Europe.

Parmi ces écrivains, on peut citer en première ligne Napoléon, l'archiduc Charles, le général Jomini.

Mais si les principes de l'art de la guerre sont immuables, les méthodes se sont transformées, le nombre des données et des inconnues de chaque problème stratégique ou tactique change sans cesse, et d'après l'examen de ces conditions, on conclut promptement, pour l'étude de ces problèmes, à l'insuffisance des données purement géographiques, même prises dans leur acception la plus étendue (F. Erdkunde).

La géographie, physique, mathématique ou politique, peut être considérée comme une série d'aplications de sciences diverses, sans que ces diverses parties soient cependant réunies par un un autre lien que le concours lui-même. La

---

(1) M. le capitaine Bureau, professeur à Saint-Cyr, travaille actuellement à un ouvrage de ce genre, dans les idées de l'auteur de l'article.
(*N. de la R.*)

série des notions géographiques se présente alors comme étant dépourvue des lois générales qu'il est nécessaire de formuler pour constituer une science indépendante au point de vue militaire.

Si de la géographie nous passons à la statistique, on voit que l'ensemble des connaissances comprises sous cette dernière dénomination a primitivement donné lieu à de simples nomenclatures, pour passer ensuite de cet empirisme élémentaire à des formules générales et à des théories. On a ensuite cherché à généraliser et à utiliser ces théories pour aborder avec leur aide l'étude de l'économie politique, celle de la science des États (Staatskunde). Nous nous bornerons à en étudier le côté purement militaire.

Au nombre des grandes questions fréquemment laissées de côté dans les recherches statistiques, il convient de placer la force militaire des États. Divers statisticiens en ont décrit les manifestations extérieures ; mais aucun d'eux (sans parler des publications spéciales qui ne portent pas le nom de statistique) ne l'a étudiée méthodiquement ni dans les rapports généraux de la politique, ni au point de vue des *forces militaires*, c'est-à-dire des ressources matérielles que les États peuvent consacrer à protéger au dehors leur indépendance et à maintenir dans son intégrité leur importance politique. Les statistiques mentionnent le chiffre des troupes ou des navires ; mais les questions relatives à la force militaire de l'État sont-elles discernées et examinées avec la même attention que mainte autre, par exemple, celle du bien-être des populations ? Ceux qui veulent déterminer en chiffres la force d'un État ont-ils calculé les chances de succès en cas de collision avec tel ou tel autre? Si l'on veut approfondir ces questions, il faut en étudier *toutes* les données, et il devient alors nécessaire de posséder des connaissances spéciales. En un mot, l'élaboration de cette partie de la statistique doit être l'œuvre d'hommes spéciaux (1).

A fortiori, l'étude des forces militaires d'un État ne peut être étrangère à l'ensemble de sa statistique. Si l'on admet que la statistique doive s'étendre à tous les objectifs d'un État, ainsi qu'au moyen de les atteindre, il faut nécessairement mettre au nombre de ces objectifs la sécurité extérieure, l'indépendance et l'importance politique ; or *ce sont ses forces militaires seules* qui constituent le moyen de les garantir. Mais sous le nom de forces militaires il convient de désigner non pas seulement des troupes ni même toute la partie de la nation qu'il est possible d'armer ; il faut désigner sous ce nom l'association de tous les moyens et de toutes les ressources nécessaires pour entreprendre une guerre défensive ou offensive. La force militaire est *la force vive, l'expression de la valeur morale et politique de l'État*. Elle constitue donc l'un des éléments les plus indispensables de sa puissance, une des plus grandes questions qui puissent être soumises aux investigations de la statistique.

Il faut mettre de côté les chimères et les hypothèses de paix. Les sciences politiques ne peuvent se baser sur des utopies ; leur principe essentiel est la réalité, l'humanité telle qu'elle est : la statistique, ayant pour objet de déterminer pratiquement les caractères et les actes des sociétés humaines, doit les examiner telles qu'elles sont sans avoir à chercher ce qu'elles devraient être.

Il est indubitable qu'à ce point de vue, la force militaire n'y doive tenir une place essentielle. L'accroissement constant

---

(1) Un livre qui a vieilli quant aux chiffres, mais qui est resté jeune quant aux appréciations, qui est écrit de plus dans un style plein d'*humour*, est : *Coup d'œil historique et statistique sur les forces militaires des principales puissances de l'Europe*, par Couturier, de Vienne, chef d'escadron d'état-major en retraite. 1 vol. in-8°. Paris, Leneveu, 1858.

(*N. de la R.*)

des armements et des dépenses militaires en Europe le démontre (1), et il en résulte des modifications profondes dans la constitution et l'administration des États. En conséquence, l'étude de chacun d'eux au point de vue militaire constitue un des éléments les plus indispensables de la statistique ; sans cette étude on ne peut aboutir qu'à des conclusions incomplètes ou erronées.

C'est à cette même étude qu'on peut donc donner le nom de statistique militaire, en la définissant comme étant la recherche, *à un moment donné*, des forces et des ressources d'un État au point de vue militaire. On l'avait bien toujours définie de la sorte, mais en lui donnant la signification étroite d'une nomenclature d'armée.

On s'est borné à des effectifs et à des formations de troupes, ce qui ne constitue pas plus l'ensemble de la statistique militaire, qu'une nomenclature de fabriques et d'usines ne suffit pour faire connaître l'industrie et la force productive d'un pays. Ce qu'on doit entendre sous la désignation de forces militaires, c'est l'ensemble des moyens mis en œuvre par un État, soit pour protéger sa sécurité extérieure, soit pour réaliser des vues politiques. On peut donc dire que la statistique militaire s'étend à tous les éléments constitutifs de l'État, considéré au point de vue militaire, soit pour l'offensive, soit pour la défensive. C'est en même temps, comme l'a dit le général Jomini, « la connaissance aussi parfaite « que possible de tous les éléments de puissance et de tous « les moyens de guerre de l'ennemi qu'on est appelé à com- « battre. »

Au nombre de ces éléments figurent des données géographiques nécessaires pour déterminer, au point de vue stratégique, la situation relative des États ; mais on voit en même

(1) Ces réflexions ont été exprimées en 1847, par le général Miloutine.

temps, que ces données sont des matériaux destinés à être mis en œuvre au moyen d'autres éléments, et c'est ce qui fait voir les relations générales existant entre la géographie et la statistique. On peut dire également que la statistique militaire fait partie du groupe des sciences politiques, mais il faut ajouter aussi qu'elle demeure en même temps soumise à l'influence et aux modifications de l'art de la guerre. Les théories de la stratégie et de l'administration militaire doivent la guider dans ses recherches comme doivent le faire pour le gouvernement d'une société l'économie politique et la théorie des finances. L'art de la guerre dans sa partie la plus haute est intimement uni à toutes les questions politiques; la guerre n'est qu'une forme de la vie politique des États, et l'on doit donc, en conséquence, classer dans la statistique militaire les diverses questions politiques qui peuvent s'y rapporter.

II

Détermination et étendue de la statistique militaire. — Détermination de chacune de ses parties. — Méthode et procédés d'investigation. — But et utilité de cette étude (1).

On a pu voir que les données nécessaires à la statistique militaire s'étendent à presque toutes les parties de l'État et à tous ses organes. Elle a donc beaucoup de points communs avec la statistique générale, et du reste, à quelque point de vue qu'on veuille examiner la vie politique d'un État, les objets d'investigation ne sont autres que les forces fondamentales ou les éléments mêmes de cet État : 1° son territoire, 2° sa population, 3° sa constitution et ses lois. La différence ne subsiste que dans le but et dans les procédés d'investiga-

---

(1) *Essais de statistique militaire* (Miloutine), pag. 55.

tion. S'il s'agit d'un pays surtout agricole, il faut voir ce que seront, en cas de guerre, les ressources du territoire et leur influence sur la conduite de la guerre. Il en est de même pour la population, pour son état matériel et moral, pour la forme du gouvernement, pour l'état des finances. La statistique militaire ne met en œuvre que celles des données qui sont relatives à son objet spécial, et peuvent servir à déterminer la situation au point de vue de ses forces et de ses ressources militaires.

Cette détermination est surtout relative, c'est-à-dire faite comparativement avec d'autres États. C'est pourquoi dans la statistique militaire on peut reconnaître deux modes d'investigation : le premier est l'étude d'un État pris séparément; le second consiste à établir une comparaison entre deux ou plusieurs États. Il est clair que ces deux modes se complètent, et que le premier doit nécessairement précéder le second.

Pour juger de la force militaire d'un État, il faut admettre la possibilité d'une guerre. En effet, les questions stratégiques exercent en temps de paix beaucoup d'influence sur un grand nombre de mesures administratives; si, comme ils le doivent, les gouvernements se préoccupent sans cesse de perfectionner leurs forces et leurs ressources militaires, c'est toujours en vue des éventualités de guerre. Il faut, en cas de guerre avec un autre État, quel qu'il soit, mettre de son côté tous les avantages possibles, de terrain et autres. En conséquence, pour apprécier la force militaire d'un État, il faut pouvoir poser et résoudre le problème suivant : Dispose-t-il de tous les moyens nécessaires pour mener à bonne fin une guerre soit offensive, soit défensive, contre telle ou telle puissance, avec ou sans alliés ? Il convient pour cela d'examiner d'une part l'outillage même de la guerre, c'est-à-dire l'armée et tout ce qui se rattache à son organisation : armement, entretien, tactique ; de l'autre, il faut rechercher toutes les données locales pouvant influencer, sur tel ou tel théâtre de guerre, contre telle ou telle puissance, un plan d'opérations et l'issue même de la guerre. On peut donc, par conséquent, admettre pour la statistique militaire les principales divisions suivantes :

I. Une introduction contenant, au point de vue militaire, une revue complète des forces fondamentales de l'État et des éléments qui le constituent, pris chacun au point de vue de l'influence générale qu'ils peuvent exercer sur la force militaire de l'ensemble.

II. L'examen détaillé des forces armées de terre et de mer, les moyens employés pour les constituer, les équiper, les entretenir et les préparer pour le temps de guerre.

III. L'examen des situations stratégiques dans lesquelles se trouve l'État sur tel et tel théâtre de guerre, contre telle ou telle puissance, en tenant compte des objectifs et des éventualités les plus probables.

Tel paraît être le système le plus rationnel de présenter la statistique militaire. On peut du reste adopter en détail le plan le plus commode et le plus logique, et pour mieux expliquer ceci, on peut encore indiquer sommairement les questions qui ressortent plus directement de chacune des trois divisions indiquées ci-dessus.

Dans la première, il faut commencer par un examen général de l'état politique du pays, de ses développements successifs et de la situation qu'il occupe dans le système politique général des États ; vient ensuite la question suivante : Existe-t-il chez lui, parallèlement à sa situation politique, des forces fondamentales capables de produire des moyens militaires proportionnés, savoir :

a) Le pays ou territoire (c'est-à-dire la surface occupée par l'État) doit être examinée comme étendue, comme situation géographique, et au point de vue topographique en général ; le tracé des frontières n'est pas moins important à étudier dans ses rapports avec le pays et dans ses rapports avec les États voisins ; tel État présente un territoire étendu ou même morcelé, tel autre un territoire compacte. Telle puissance est continentale, telle autre maritime ; il faut à celle-ci moins de troupes qu'à cette autre pour sa défense ; l'une doit développer plutôt ses forces navales, l'autre son armée. La configuration topographique peut avoir une grande influence au point de vue militaire ; elle explique même parfois l'organisation même et la composition d'une armée. Tel État peut avoir plus d'infanterie, tel autre plus de cavalerie, etc. Les productions du sol, le climat, etc., contribuent à faire apprécier le mode d'entretien des troupes, leur répartition en temps de paix, etc. Enfin les communications par terre ou fluviales, naturelles ou artificielles, ont la plus grande influence au point de vue militaire et administratif. Il convient donc d'étudier avec le plus grand soin le système et la direction de ces voies.

b) La population. Il faut en connaître le chiffre, la répartition, la situation matérielle, l'état moral. Ces notions doivent servir à déterminer non-seulement l'effectif d'une armée, mais encore ses qualités réelles ; elles aident à connaître dans quelle mesure, en cas de guerre, le gouvernement peut compter sur le concours du peuple et quel espoir il peut fonder sur ses troupes.

c) La constitution du pays, ses lois, l'état de ses finances. Les rapports du gouvernement avec le peuple ; ceux de ce gouvernement avec les autres puissances, ont l'influence la plus décisive sur son système militaire, sur la conduite même d'une guerre, enfin sur l'administration en temps de paix comme en temps de guerre. Telle puissance est en mesure d'avoir comparativement plus de troupes que telle autre, de pouvoir recourir à des mesures plus ou moins énergiques ; la centralisation est faible ou développée, etc. Tous ces points sont instinctivement liés à l'étude des questions militaires. On peut, par conséquent, conclure en disant que cette première partie ou introduction de la statistique militaire s'étend à l'ensemble de toutes les notions de statistique générale, mais en les considérant exclusivement par leur côté militaire.

La deuxième partie, consacrée à l'examen du système militaire de l'État, des effectifs et de l'organisation même des troupes, ne saurait consister à grouper quelques chiffres; il y faut savoir discerner les avantages et les inconvénients d'un système militaire, ses côtés forts ou faibles, le nombre des troupes entretenues en temps de paix et ce que produit la mobilisation; le gouvernement dispose-t-il de tout ce qu'il faut pour faire mouvoir les troupes, les entretenir, conduire la guerre? Il faut étudier l'administration, l'instruction, l'état moral des troupes, comparer leurs qualités et leurs imperfections à celles des armées qu'elles peuvent avoir à combattre. Enfin il faut aussi discerner les théories *qui ont cours sur l'art de la guerre et les idées dominantes sur le mode d'action des troupes.*

La troisième partie doit comprendre l'examen stratégique des parties du territoire susceptibles de devenir des théâtres de guerre, et un des principaux coefficients nécessaires à la solution de ces problèmes dérive des relations politiques avec les autres États. Chaque théâtre de guerre doit être examiné séparément et comparativement avec la situation géographique relative des États contre lesquels la guerre est possible. La détermination des théâtres de guerre doit être basée sur les hypothèses les plus probables, d'après les relations réelles des États, et sans sortir des limites du possible. Ainsi, par exemple, le nord-est de la Russie *d'Europe* ne saurait être l'objet d'un examen stratégique et n'appartient à aucun théâtre de guerre possible; si, au contraire, on examine la situation stratégique de la Prusse vis-à-vis de la Russie et de l'Autriche, on voit de suite que la Silésie appartient à *deux* théâtres de guerre, en ayant toutefois pour chacun d'eux une signification distincte. On voit aussi par là qu'on ne saurait diviser mathématiquement un État en théâtres stratégiques de guerre et rigoureusement fixer les limites de chacun d'eux.

Une statistique comparée permet d'apprécier plus clairement et plus complétement la situation réciproque des États au point de vue stratégique, car le théâtre d'une guerre comprend des territoires appartenant à plusieurs États, et leur étude présente plus d'exactitude et d'unité; si, au contraire, on se borne à l'étude d'un seul État, il faut adopter l'hypothèse d'une guerre défensive; si on devait passer à l'offensive, le territoire étudié se trouverait en arrière des opérations, par conséquent dans ce cas l'étude doit avoir pour objet les points de concentration des troupes et le choix des directions à leur donner; en d'autres termes, l'établissement d'une base d'opérations.

L'examen d'un théâtre de guerre pourrait être ordonné dans l'ordre suivant :

1° Conditions générales et probables d'une guerre avec tel ou tel État. Situation réciproque des belligérants au point de vue géographique et politique; probabilités d'intervention ou de neutralité de la part d'autres puissances. Détermination du théâtre général de la guerre, sa répartition en théâtres particls d'opérations.

2° A la suite de ce travail préparatoire, il convient de faire un examen *militaire-géographique* de toute la région comprise dans les limites d'un théâtre de guerre, c'est-à-dire en déterminer les traits principaux et caractéristiques, sans entrer dans trop de détails, et en suivant à cet égard les principes indiqués par de *Roon* (1), c'est-à-dire noter les traits généraux de la région au point de vue des facilités qu'elle présente pour les mouvements et opérations, pour l'éventualité de cantonnements, pour l'entretien et le ravitaillement des troupes; au même point de vue doivent être étudiés le terrain, les cours d'eau, les montagnes, les voies de communication et les localités remarquables, places fortes et points défensifs.

3° Après s'être rendu compte des éléments que peut fournir la géographie militaire, il est possible de passer à *l'étude stratégique*.

En entreprenant l'étude stratégique d'un théâtre d'opérations il faut se garder de vues exclusives basées sur des données imparfaites ou se rapportant toutes à un même objet. En conséquence, l'étude stratégique d'un théâtre d'opérations doit se borner d'abord à déterminer le rôle des données locales au point de vue des premières dispositions militaires et du plan de la campagne, sans s'étendre jusqu'à des conjectures arbitraires sur la marche des opérations, laquelle peut dépendre de circonstances plus ou moins éventuelles. Dans cette étude stratégique il ne faut admettre que des données invariablement liées soit au théâtre même d'opérations, soit à l'ensemble de l'État, et dont on puisse parfaitement se rendre compte en temps opportun. Ce sont ces données qui servent à établir un plan de guerre et de campagne, et doivent *en temps de paix* servir de base au gouvernement pour adopter les meilleures mesures propres à consolider le système des défenses nationales et à préparer la guerre.

Il faut que, par l'étude stratégique d'un théâtre éventuel de guerre, on sache discerner les avantages et les désavan-

---

(1) *Militairische Landbeschreibung von Europa.* 1837.

tages résultant, pour les deux partis, des circonstances géographiques et de l'ensemble de la région examinée. Les limites naturelles, fleuves, montagnes, côtes, frontières d'États, points importants soit au point de vue politique, soit au point de vue définitif, voies ferrées et autres, situation relative des diverses parties du pays, ressources de toute nature, tout cela peut exercer une influence avantageuse ou nuisible aux opérations, suivant les circonstances, augmenter ou affaiblir la défense, faire connaître les points forts ou faibles d'un pays.

D'après ces données, on doit déterminer les objectifs les plus probables, les lignes d'opérations favorables ou décisives, les bases, les meilleures lignes de défense. Cette étude doit en définitive aboutir à formuler une opinion sur les avantages et les désavantages du théâtre de guerre dans son ensemble, mais il ne faut pas qu'on croie pouvoir préciser la marche des opérations, les points où se rencontreront les armées et où se décidera le sort de la guerre. Des circonstances variables, et qu'on ne peut prévoir, l'empêchent toujours.

— Les jugements qu'on porte sur l'importance stratégique de données fournies par le terrain doivent être fondés sur les vrais principes de l'art de la guerre; il faut apprécier chaque question sous toutes ses faces, sans en négliger aucune, sans se laisser impressionner ni par des idées théoriques hors de propos, ni par des préjugés, ni par des opinions d'écrivains, ni même enfin par des exemples historiques. Les jugements des plus grands généraux ou ceux des meilleurs écrivains militaires ne peuvent s'appliquer exactement à l'état actuel d'un théâtre d'opérations; l'étude de leurs idées peut être très-utile, mais à condition de ne jamais perdre de vue en même temps l'état actuel des choses et les conditions qui les régissent, comparées à celles qui existaient de leur temps. Il ne faut, en particulier, invoquer les exemples historiques qu'avec la plus grande réserve. En effet, avant même de vouloir ajuster à une situation actuelle des événements passés, pour en tirer une conclusion quelconque, il faudrait certainement analyser en détail et avec la plus grande exactitude ces mêmes événements, afin d'en déterminer les causes réelles; sans cette précaution, aucune erreur n'est plus aisée à commettre que celle qui consiste à vouloir assigner aux événements réels du passé des causes et des origines imaginaires. La fausseté des conclusions s'ensuit naturellement. L'état politique de l'Europe et l'art de la guerre subissent de telles modifications que les guerres du XVIIIe siècle et de la première partie du XIXe ne peuvent que très-rarement donner des exemples pouvant s'ajuster à l'époque actuelle (1).

De tout ceci on peut voir combien, dans les études stratégiques, il est peu aisé d'éviter les opinions incomplètes ou arbitraires, et combien toutes les conditions d'un jugement sain et pratique sont difficiles à réunir sur des questions si complexes. Il faut mettre le même soin qu'un pilote, naviguant au travers des écueils, à éviter les dangereuses idées fixes d'où surgissent d'irréparables erreurs. En pareil cas, il faut le dire, l'étude peut devenir plus dangereuse qu'utile.

Une statistique militaire, élaborée d'après les bases exposées plus haut, finirait tôt ou tard par atteindre un degré suffisant de perfection; elle prendrait place à côté des autres sciences politiques et rendrait en mainte occasion les plus grands services.

(1) Voir les remarquables études publiées dernièrement par l'*OEsterreichische militærische Zeitschrift* (*Revue de Streffleur*). (*N. de la R.*)

Elle constituerait, en premier lieu, le complément indispensable d'une bonne statistique générale, car la force militaire d'un État est en raison directe de son importance et de sa puissance.

Au point de vue pratique, la statistique militaire concourt à la solution de questions politiques et administratives d'une grande importance; même en temps de paix, les gouvernements sont, par des motifs purement stratégiques, conduits à adopter certaines mesures non-seulement en ce qui concerne les emplacements des places fortes et des ports, mais encore pour les tracés de routes, *voies ferrées*, canaux, etc.

La construction des chemins de fer n'est guidée que par des considérations commerciales et économiques, et devrait être cependant soumise à une étude stratégique. Lors même qu'il s'agit de relations extérieures, dans la conclusion de traités, d'alliances, les questions stratégiques ont le plus grand rôle; c'est d'elles que dépendent les frontières d'États, l'acquisition de tel point, de telle région, l'ouverture de routes à travers des États voisins, etc.

Enfin, au point de vue de l'art de la guerre lui-même, la statistique militaire peut aider puissamment l'étude et l'application des idées théoriques aux théâtres de guerre les plus remarquables, de même que l'histoire méthodique des guerres permet d'en apprécier la direction et les résultats. On peut dire qu'à ce point de vue, la statistique militaire forme comme une dernière page de l'histoire militaire, prête, pour ainsi dire, à recevoir l'empreinte des événements contemporains.

En résumant tout ce qui vient d'être dit sur le rôle et l'utilité de la statistique militaire on arrive à conclure que cette étude ne saurait être, chez aucune grande puissance, confiée à l'initiative individuelle des officiers; soit qu'il s'agisse de la compléter, soit qu'il s'agisse de la tenir au courant des transformations importantes et rapides qui s'opèrent dans toutes les armées de l'Europe, on ne peut pas compter sur des efforts individuels, isolés, sans cohésion, pour atteindre le but proposé. Certains de ces efforts isolés peuvent donner de bons résultats partiels; ils sont d'autant plus honorables qu'en France ce genre de travaux n'a jamais été encouragé; mais ce qu'il faut surtout concevoir, c'est la nécessité d'une direction supérieure unique et d'une forte impulsion donnée à cette science, objet de l'étude et des méditations des chefs militaires les plus distingués chez les autres nations.

C'est surtout par l'enseignement donné aux nouvelles générations de jeunes officiers que ce résultat doit être atteint. Parmi les diverses réformes qu'on veut introduire dans le service d'état-major général, l'enseignement est une des plus importantes, des plus réelles, celle d'où doivent dériver beaucoup d'autres. Il conviendrait donc, au point de vue pratique, d'introduire dans les nouveaux programmes d'études des écoles militaires et d'état-major les modifications que les progrès de l'art de la guerre rendent nécessaires, d'en développer certaines parties, d'en compléter d'autres. Parmi les innovations, aucune ne serait plus utile qu'un cours méthodique et suffisant de la statistique militaire.

Nous ne possédons aucune publication présentant sous une forme précise la statistique militaire actuelle des autres puissances.

Parmi celles qui paraissent à l'étranger, une des plus étendues est le recueil de statistique militaire russe. Cependant, malgré le soin donné à cette publication et la grande exactitude de la plupart de ses renseignements, elle est loin d'être complète à certains égards (1). Comme elle embrasse une

---

1) On sait qu'il se publie en Autriche une série d'études, paraissant

quantité considérable de données et de questions, il n'y a rien d'étonnant à ce que certaines d'entre elles soient imparfaites.

Au nombre de celles-ci peut être citée, par exemple, la statistique commerciale de l'Angleterre, dans laquelle les tableaux qui donnent le mouvement de l'immense commerce anglo-asiatique ne présentent pas le commerce des diverses colonies anglaises entre elles, ni celui de l'*Inde avec la Chine* (1). Or cette addition décuplerait presque les chiffres donnés par le recueil de statistique militaire, et conviendrait mieux pour donner l'idée non de la puissance, mais des immenses ressources de l'empire anglo-indien.

---

en volumes séparés, très-complètes et très-détaillées, sur les armées étrangères. Elles sont faites cependant à un point de vue beaucoup moins général que celui où l'auteur de l'article se place. (*N. de la R.*)

(1) V. *Annual China Customs trade report*. Les droits perçus par la douane anglo-chinoise forment aujourd'hui la branche la plus considérable et la plus sûre des revenus du Bogdo-Khan.

www.ingramcontent.com/pod-product-compliance
Lightning Source LLC
Chambersburg PA
CBHW071417060426
42450CB00009BA/1927